AF357201

GEORGES DE MANTEYER

LES EMISSIONS

DE

Billets de Confiance

DANS LE DISTRICT DE GAP

(16 Avril-20 Octobre 1792)

GAP

LOUIS JEAN & PEYROT, IMPRIMEURS EDITEURS

1905

LES EMISSIONS

DE

BILLETS DE CONFIANCE

Extrait des *Annales des Alpes*, 8e année, 4e livraison (46e).

Georges de MANTEYER

LES ÉMISSIONS

DE

Billets de Confiance

DANS LE DISTRICT DE GAP

(16 Avril-20 Octobre 1792)

GAP

Louis JEAN & PEYROT, Imprimeurs-Éditeurs

1905

Tiré à cent exemplaires

LES ÉMISSIONS DE BILLETS DE CONFIANCE

dans le District de Gap

(16 avril-20 octobre 1792)

La rareté des espèces métalliques de bronze se faisait sentir d'autant mieux dans les milieux populaires que l'émission des petits assignats de dix sous décrétés par l'Assemblée nationale tardait à paraître ; pour y remédier, un certain nombre de municipalités se virent contraintes d'émettre les coupons dont la nécessité était évidente.

L'exemple vint de Grenoble aux Alpes. La ci-devant capitale du Dauphiné avait créé, le 18 février 1792, vingt-quatre mille cartons de cinq sous pièce, au revers bleu, et huit mille de dix sous au revers rouge. Cette émission de 10.000 l. s'était écoulée en deux jours. Le 13 mars eut lieu une seconde émission de quarante mille cartons de cinq sous et il fut décidé qu'on pourrait aller progressivement jusqu'à cinquante mille livres.

Encouragé par cette expérience répétée, et vu la loi du 1ᵉʳ avril qui autorisait les municipalités à s'engager dans cette voie, le conseil général de la commune de Gap délibéra, le 16 avril, de faire une émission jusqu'à concurrence de 5.000 l., formée, pour un quart, de quatre mille billets de dix sous et, pour les trois autres quarts, de douze mille billets de cinq sous. Pour mieux les distinguer, ceux de cinq sous devaient avoir le revers rouge et ceux de dix sous le revers jaune. Ces billets numérotés, signés par le maire Boyer et par les deux notables Romane et Jacques Blanc, devaient être imprimés par J. Allier, sous le contrôle de deux commissaires MM. Allemand et

Callandre, officiers municipaux. La fabrication terminée,
ces commissaires veilleraient à faire déposer les matrices
aux archives de la Mairie sous scellés. La caisse devait
être gérée et administrée alternativement par un officier
municipal ou un notable qui se succèderaient tous les huit
jours et présenteraient des états de situation au corps
municipal. La caisse devait avoir toujours un fonds de
roulement de 5.000 l., soit en billets de l'émission, soit en
assignats de cinq livres. Le bureau d'échange devait être
ouvert le mardi et le jeudi de dix heures à midi : chaque
personne s'y présentant ne pourrait échanger chaque jour
d'ouverture qu'un assignat de 5 livres à la fois. Cet
échange s'adressait surtout aux citoyens les moins for-
tunés et quiconque, soit de Gap, soit d'ailleurs, arriverait
à avoir en mains jusqu'à 5 livres de ces petits billets
pourrait en demander le contre-échange.

En avril 1792, les assignats, dont la valeur n'avait cessé
de baisser dans le département, se relèvent de 71 à 76/100 :
l'émission des petites coupures municipales coïncide avec
ce meilleur cours. Mais l'annonce de l'émission paraît
avoir été tout d'abord mal accueillie par l'opinion. On
trouvait, sans doute, la circulation des papiers déjà trop
considérable et on ne prenait pas garde qu'il s'agissait
d'un échange utile au lieu d'une nouvelle augmentation de
valeurs dépréciées.

Le 25 avril, avant que l'émission eût encore eu lieu, la
municipalité se vit obligée de faire afficher un placard
expliquant mieux ses intentions. Le cours serait facultatif
mais il serait interdit d'en discuter la valeur nominale. Les
billets étaient à prendre ou à laisser. Bientôt, d'ailleurs,
toutes les municipalités les plus considérables du district
allaient suivre l'exemple de Gap pour venir en aide aux
indigents.

Le huit mai, comme l'opposition continuait à se faire
jour et que l'émission était lancée, la municipalité fait de
nouveau entendre sa voix. Elle menace les opposants de
prendre contre eux des mesures de rigueur ; elle interdit
désormais de refuser les billets de confiance et de les

négocier à perte. Dès lors, la circulation des billets paraît avoir été mieux acceptée. Ce qui suffirait à prouver que les Gapençais saisissent enfin les avantages de ces petites coupures, c'est que huit jours suffisent à les absorber parmi eux. Alors, se plaignant de n'en pas avoir suffisamment, ils présentent une pétition à la municipalité pour demander une nouvelle émission de billets de 5 sous, de 2 sous 6 deniers et d'un sol, jusqu'à concurrence de 15.000 l. Le 10 juin, le Conseil général de la commune, prenant cette pétition en considération, émet une délibération conforme.

Cette délibération est autorisée le 18 par le Directoire du département, après avis favorable du Directoire du district.

Le registre des ordonnances du Directoire en question permet de se rendre compte dans quelle mesure les municipalités environnantes suivirent l'exemple de Gap, comme l'annonçait un peu vite le placard gapençais du 25 avril. Ces municipalités prirent, avant tout, le temps de la réflexion. Le 10 août, Veynes demande une émission de 2.000 l., en billets de 10 s., 5 s., et 2 s. 6 d.

Le 17 août, Bénévent-et-Charbillac demande 2.000 l., en pareilles coupures.

Le 17 août, St-Bonnet, 6.000 l., en coupures semblables.

Le 23 août, St-Julien, 3.000 l., en coupures pareilles.

Le 6 septembre, St-Laurent-du-Cros, 3.000 l., soit la moitié en trois mille billets de 10 s., le quart en trois mille billets de 5 s. et le quart en six mille billets de 2 s. 6 d.

Le 10 septembre, Laye, 2.000 l.; soit la moitié en deux mille billets de 10 s. et la moitié en quatre mille billets de 5 s.

Le 26 septembre, La Roche-des-Arnauds demande une émission de 6.000 l., sans détails.

Le même jour, Veynes demande une 2e émission en billets de 5 s. et 2 s. 6 d.

Le 5 octobre, Aspres-lès-Veynes demande une émission de 3.000 l.

Le 11 octobre, Aspres, 3.000 l., en billets de 20 sols.

Le 13 octobre, La Freissinouse, 1.500 l.

Le 20 octobre, La Bâtie-Neuve, 2.000 l.

C'est en tout onze communes pour quatorze émissions représentant près de 60.000 l.

Le cours des assignats se maintenait encore en octobre à 80 °/₀; mais, avec 1793, survint la véritable débâcle du papier. En janvier, il baisse subitement de 80 à 62 °/ₒ'); en décembre il sera à 58 et un an plus tard à 28 °/₀. Cette débâcle fut bien moins rapide et moins forte dans les pays pauvres que dans les régions favorisées du commerce et de l'industrie. Mais, à mesure que les fortes coupures baissaient irrémédiablement, les petites devenaient moins utiles.

C'était la fin des billets de confiance : la fin de leur utilité, mais non pas celle de leur valeur. Ces pièces rares se paient maintenant plus cher qu'aucun citoyen de Gap vivant en 1792 n'aurait jamais pu le penser.

Gap, 1888-Manteyer, 4 novembre 1904.

Georges de MANTEYER.

----

¹) Les billets de confiance gapençais furent portés par le petit commerce assez loin. Le 22 avril 1793, les maire et officiers municipaux de Dieulefit en renvoient à la municipalité de Gap pour 38 l. 10 s., à échanger soit contre des assignats de 5 l., soit contre des mandats de 5 s., émis par Dieulefit. Le 20 février précédent il en était revenu de Saou pour 2 l. 2 s. 6 d. A la mairie de Gap il reste deux feuilles de la 2ᵉ émission de 5 sous et une demi-feuille de la 1ʳᵉ (nᵒˢ 23491-23500, 200001-200020, 9981-9900). Une feuille complète a 23ᶜᵐ de haut et 35ᶜᵐ de large, soit 26 × 42 avec marge non rognée.

M. Joseph Roman avait pu réunir une collection intéressante de billets de confiance alpins : elle a passé chez M. Chaper, à Grenoble.